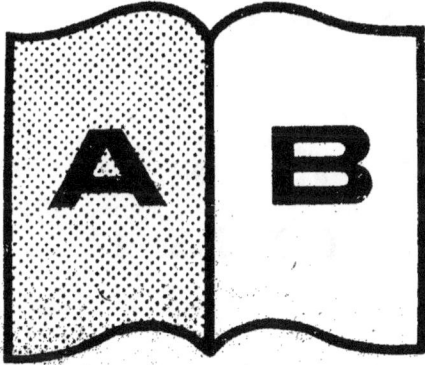

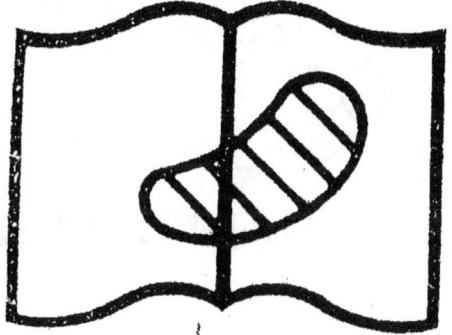

DOCUMENTS

CONCERNANT

LES TEMPLIERS

EXTRAITS DES ARCHIVES DE MALTE

PAR

J. DELAVILLE LE ROULX

·LABOR· LE PROFIT

H P

OMNIA VINCIT

PARIS

TYPOGRAPHIE DE E. PLON ET Cie

RUE GARANCIÈRE, 8

—

1882

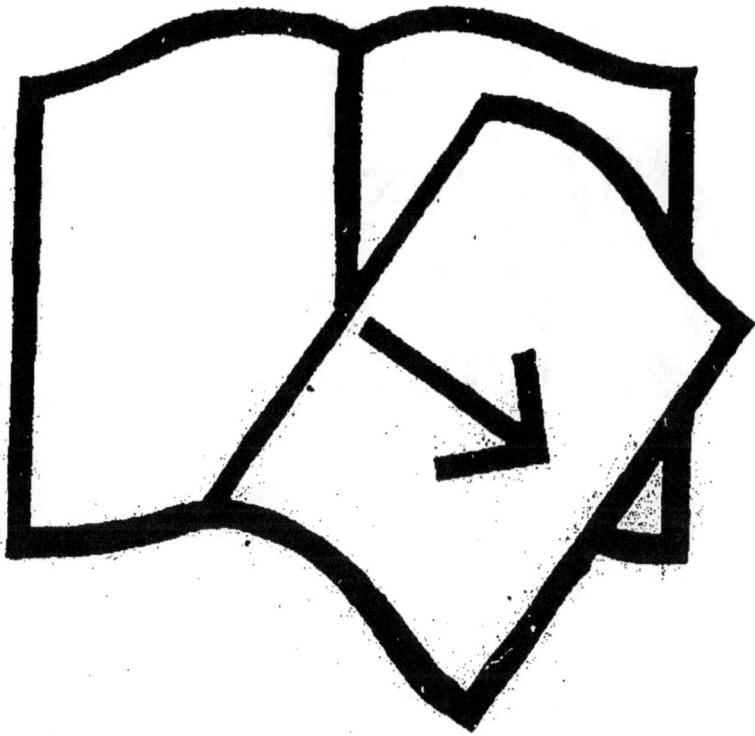

Couverture inférieure manquante

DOCUMENTS

CONCERNANT

LES TEMPLIERS

Hommage de l'Auteur

M' L. Delisle, membre de l'Institut

7 D L. B

PARIS. — TYPOGRAPHIE DE E. PLON ET C¹ᵉ, RUE GARANCIÈRE, 8.

DOCUMENTS

CONCERNANT

LES TEMPLIERS

EXTRAITS DES ARCHIVES DE MALTE

PAR

J. DELAVILLE LE ROULX

PARIS

TYPOGRAPHIE DE E. PLON et Cie

8, RUE GARANCIÈRE, 8

1882

Les archives de l'Ordre de Saint-Jean de Jérusalem, conservées à Malte, renferment un certain nombre de documents concernant les Templiers. Il a paru intéressant de les grouper ici et de les dégager des autres documents des mêmes époques relatifs aux Hospitaliers, dont nous avons entrepris la publication. Aussi bien ces pièces forment-elles, par leur objet, un tout séparé, et ne saurait-on recueillir avec trop de soin les actes, aujourd'hui si rares, de l'Ordre du Temple pendant son séjour en Terre Sainte.

Personne, en effet, n'ignore que les archives du Temple sont perdues; une obscurité profonde, — mystérieuse même comme tout ce qui touche les Templiers, — entoure la disparition de leurs archives. L'étude des documents conservés à Malte ne sera pas sans intérêt, croyons-nous, si elle peut fournir un argument nouveau, ou même une simple présomption qui puisse aider à résoudre cette question.

Il convient d'entrer dans quelques détails, aussi brefs que possible, pour exposer avec clarté l'état de la question.

On doit, tout d'abord, bien s'entendre sur le sens des mots d'*Archives du Temple* dont nous nous servons, en remarquant que l'ensemble des documents qui formaient l'archive d'un ordre religieux et militaire, comme les Templiers ou les Hospitaliers, se divise pour nous en archives *générales* et en archives *particulières :* c'est une distinction qu'il importe d'établir. Par archives *particulières,* nous entendons celles qui étaient gardées dans les commanderies ; elles comprenaient les titres de propriété et les actes émanés du pouvoir supérieur à l'égard de ces commanderies. Par archives *générales,* nous voulons parler de celles qui se conservaient au siége de l'Ordre, et qui avaient pour objets les rapports du grand maître et de l'Ordre avec les rois et princes étrangers, le Saint-Siége, etc., dans le domaine temporel et spirituel, et avec les grands dignitaires du Temple, en ce qui concernait son administration et son gouvernement intérieurs.

Par exception, les documents relatifs à la commanderie ou au prieuré de Terre Sainte étaient conservés dans les archives générales, quoique faisant partie des archives *particulières* au même titre, par exemple, que ceux des Temples d'Agen ou de Toulouse.

De ces deux sortes de documents, la première, celle des archives particulières, pourrait être reconstituée presque en entier. Quand les biens des Templiers furent transmis aux Hospitaliers, les titres de propriété ont suivi les biens, et nous en trouvons un grand nombre parmi les archives particulières des préceptoreries de l'Hôpital. On sait que cette transmission, pour différents motifs, n'a pas eu lieu partout; il suffit, dans ce cas, de suivre la trace des biens du Temple depuis la destruction de l'Ordre jusqu'à leur incorporation définitive, pour retrouver leurs archives dans celles du pouvoir qui les a absorbés. On ne peut espérer qu'au milieu de pareils bouleversements tout ait échappé à la destruction; mais il n'est pas téméraire d'affirmer que des recherches conduites avec persévérance dans ce sens aboutiraient à la reconstitution presque intégrale de ces archives particulières.

Quant aux archives *générales* du Temple, nous ignorons ce qu'elles sont devenues; leur disparition, jusqu'à présent, malgré les efforts des érudits qui se sont occupés de les retrouver, est si complète que leurs recherches n'ont pas encore été couronnées de succès.

Plusieurs hypothèses ont été émises sur le sort qu'elles ont subi. Les uns croient qu'elles ont été détruites au moment où les Templiers quittèrent la Terre Sainte, hypothèse inadmissible, puisque l'abandon ne fut pas si précipité que les Hospitaliers, partis les *derniers* de Saint-Jean d'Acre, n'aient eu le temps de sauver les leurs. Les autres supposent qu'elles ont été brûlées sur le bûcher de Jacques de Molay, hypothèse également peu vraisemblable. Philippe le Bel aurait-il détruit des pièces qui pouvaient, dans la suite, être d'un puissant secours à ses revendications financières? Et à supposer que l'Ordre n'eût pas pris soin de les mettre à l'abri quand il se sentit menacé, le Roi, maître de ces archives, loin de les brûler, les eût conservées au trésor de ses chartes, où elles ne sont pas. Il reste une dernière hypothèse d'après laquelle le Temple aurait lui-même procédé à la destruction de ses archives. Rien n'est moins vraisemblable; que les Templiers aient fait disparaître quelques pièces compromettantes, cela se pourrait, mais ils n'auraient pas détruit le *fonds de Terre Sainte,* celui qui leur donnait, au cas d'une nouvelle conquête de la Palestine que tous espéraient, des droits à rentrer en possession de leurs anciens établissements de Syrie.

On a dit aussi que les Hospitaliers avaient détruit les archives des Templiers, passées entre leurs mains. Il est certain qu'ils pouvaient avoir intérêt à détruire les témoignages du passé glorieux d'un Ordre rival. Il semble, d'autre part, que le fonds de Terre Sainte aurait dû être conservé par eux pour appuyer leurs revendications, comme successeurs immédiats de l'Ordre disparu, dans le cas d'un retour des chrétiens en Terre Sainte; à moins cependant de supposer que cette destruction n'a eu lieu qu'à une époque relativement récente, quand tout espoir était définitivement abandonné de reconquérir le royaume de Jérusalem. L'étude, à ce point de vue, des archives de Malte, ne donne pas un résultat hostile à cette hypothèse.

La présence dans les archives de l'Hôpital de toutes les pièces que nous publions ici s'explique d'elle-même, comme le lecteur pourra en juger, sauf celle de quelques bulles pontificales [1]. Ces dernières n'auraient aucune raison de figurer parmi les documents de l'Hôpital, si l'on n'admettait pas la fusion des archives générales du Temple dans celles de l'Ordre de Saint-Jean ; seuls, quelques priviléges généraux ont survécu, nous ignorons la cause de cette exception ; en tout cas, elle ne semble pas accidentelle, puisqu'un bullaire du seizième siècle, *Bullarium Rubeum* [2], exécuté dans la chancellerie de l'Hôpital, contient la transcription de tous les priviléges généraux promulgués par les Souverains Pontifes en faveur des Templiers, et que ces priviléges figurent, dans le même registre, à côté de priviléges analogues concernant les Hospitaliers.

[1] Voir : *Documents,* n⁰ˢ I, X-XIII, XX, XXV-XXVIII, XXX-XXXII.
[2] Arch. de Malte, division VII, vol. 1121.

Il nous paraît donc certain que les archives générales du Temple, ou au moins un de leurs fonds, existaient encore au seizième siècle. Les retrouvera-t-on jamais ? Il faut l'espérer. Le hasard des découvertes pourrait amener au jour certains fragments de leurs archives, notamment du fonds de Terre Sainte. Il se peut, par exemple, que menacés en Syrie, les Templiers aient fait transcrire et vidimer pour en perpétuer l'existence leurs donations en Terre Sainte, qu'à l'occasion d'affaires litigieuses ils aient eu à citer quelques titres de propriété, qu'enfin, à l'occasion de leur procès de condamnation, ils aient fait parvenir au Saint-Siége des *Mémoires* contenant certains de ces documents. Tout espoir n'est donc pas perdu de ce côté, du moins en ce qui concerne des fragments de ces archives.

Il nous reste à exposer, en quelques mots, la façon dont nous avons conçu le présent travail. Comme nous le disions plus haut, sauf quelques bulles, toutes les pièces citées ou transcrites par nous figurent à bon droit dans un dépôt d'archives de l'Ordre de Saint-Jean. Ce sont, en effet, des transactions entre les Hospitaliers et les Templiers, des arbitrages sous la médiation de l'Hôpital, des documents concernant la transmission à celui-ci des biens de ceux-là. Quand les pièces nous ont paru inédites ou intéressantes, nous en avons donné le texte ; dans le cas contraire, une courte analyse nous a paru suffisante.

Nous avons systématiquement exclu de ce travail la publication ou même l'analyse des priviléges généraux contenus dans le *Bullarium Rubeum* dont nous avons parlé plus haut. Le lecteur sait les conclusions qu'il y a lieu de tirer de la coexistence, dans un bullaire du seizième siècle, de documents concernant le Temple et l'Hôpital. Quant à l'intérêt que présenterait leur publication, il serait loin de répondre à ce qu'on pourrait croire. Deux cents bulles environ adressées aux Templiers y sont transcrites ; elles sont presque toutes répétées textuellement dans le même bullaire en faveur de l'Hôpital, et Strehlke, dans ses *Tabulæ Ordinis Teutonici*[1], a publié, pour les Teutoniques, une série de priviléges généraux dont la plupart sont la répétition exacte de ceux du registre de

[1] Pages 263-471.

Malte. La publication ne pourrait donc avoir lieu qu'en réunissant ensemble ce qui concerne le Temple et l'Hôpital, et en comparant le résultat avec le livre de Strehlke. On eût ainsi obtenu un recueil des priviléges généraux communs aux trois Ordres militaires. Un pareil travail nous faisait sortir des limites que nous nous étions tracées ; de plus, il eût offert un intérêt restreint pour l'histoire générale ; nous avons pensé qu'il suffisait de l'indiquer ici.

Décembre 1882.

DOCUMENTS

I

16 *jul.* 1145 *sive* 1146, *Viterbii.*

Eugenius III fratribus militiæ Templi, de septima parte injunctarum pœnitentiarum — « Milites Templi [1]. »

(*Arch. de Malte, Div. I, vol. 8, pièce 1.*)

II

1, 8, 15, 22 *vel* 29 *mart.* 1160 *(ind. viij, mense martii, feria viij) [2].*

Rainaldus, princeps Antiochenus, confirmat Deo ac militiæ Christi, scilicet fratribus Templi triplicis Salomonis, venditionem gastinæ, quæ vocatur Bolferis,

---

[1] Eugène III, le 22 avril 1150, renouvela cette bulle. (Arch. de Malte, div. VII, *Bullarium Rubeum*, f. 146.)

[2] La vraie date est mars 1160. En effet, en novembre 1160, Renaud d'Antioche fut fait prisonnier par les infidèles. (DUCANGE, *Familles d'outre-mer*, p. 792.) En outre, l'indiction VIII ne correspond pas à l'année 1161.

a domino Margati, Rainaldi Masuerii filio, factam, et diversas alias donationes. — Ed. Pauli I, n° CLXIII.

(Arch. de Malte, Div. I, vol. 2, pièce 21.)

III

6 *aug.* 1163.

Anterius[1], Valeniæ episcopus, et canonici ejusdem ecclesiæ, Bertrannusque de Blanceff, militum Templi magister, concordiam ineunt de diversis redditibus et decimis. — Ed. Pauli I, n° XXXIX.

(Arch. de Malte, Div. I, vol. 2, pièce 27.)

IV

Ante 24 sept. 1168.

Boamundus III, Antiochiæ princeps, Guidoni Falsart, homini suo ligio, nonam partem assisiæ septingentorum bisantiorum infra Antiochiam gastinamque vocatam Dendemam cum pertinentiis concedit.

In : nomine : sce : et : individue : Trinitatis : Patris : et : Filii : et : sps : sci : Amen[2].

Notum sic omnibus hominibus, tam presen-

---

[1] Les *Familles d'outre-mer* (p. 814) ne mentionnent pas cet évêque.

[2] Dans l'original, ces deux lignes sont écrites en majuscules allongées.

tibus quam futuris, quod ego Boamundus, principis Raimundi filius, Dei gratia princeps Antiochenus, dono atque concedo Guidoni Falsart [1], homini meo ligio, heredibusque suis novam partem septingentorum bisantiorum quos ipse habet in assisiam infra Antiochiam; quam utique partem ipse convenerat atque debebat mihi dare pro terra illa et pro meo proprio quod ego dedi Templo et Hospitali. Insuper autem confirmo ei et concedo gastinam que dicitur Dendema, quam ipse accepit in matrimonio cum uxore sua Clementia. Præterea vero dono et concedo eidem Guidoni et heredibus suis totam terram illam que est inter predictam gastinam Dendema scilicet et viam publicam que ducit ad Pontem Ferri, que via est ibi meta et divisio. Ab aliena parte autem que respicit ad Antiochiam, dividit eam totus collis continuus a via predicta usque ad fluvium Ferri. Hec utique est de pertinentia gastine Putei. Hujus itaque predicte gastine Dendeme et terre illius quam ego ei tribuo, nonam partem, quam ipse daturus erat mihi, eidem dono atque

---

[1] Nous trouvons ce personnage en 1167; il est mentionné comme frère de Geoffroy Falsart, duc d'Antioche. (Pauli I, n° XLIII.) Il vivait encore en février 1179 (n. s.). (STREHLKE, *Tab. Ord. Teut.*, n° 9.)

condono. Hec omnia prescripta dono et concedo prefato Guidoni, homini meo ligio, pro
bono ejus servitio suisque heredibus jure
hereditario habenda quiete, et sine calumpnia
in perpetuum possidenda. Ut autem hoc
donum firmum fiat stabileque consistat, litterarum inscriptione principalisque mei sigilli
impressione munio atque confirmo.

Hujus rei testes sunt : Eschivardus, dapi-
fer [1]; Willelmus Tyrel, marescalcus [2]; Petrus,
camerarius [3]; Bonalbus [4]; Gaufridus Falsart,
dux [5]; Paganus de Castelluz [6]; Helyas de la
Forest.

Datum est autem privilegium istud per
manum Bernardi cancellarii [7], anno princi-

---

[1] La dernière mention de ce personnage qui figure aux *Familles
d'outre-mer*, p. 652, est de 1167. Il vivait encore en février 1174
(1175 n. s.), mais il figure sans titre parmi les témoins d'un acte de
Bohémond III. (Arch. de Malte, div. I, vol. 3, pièce 13.)

[2] Les *Familles d'outre-mer* mentionnent pour la dernière fois
Guillaume de Tirel en 1167. (P. 651.)

[3] Même remarque pour ce personnage. (*Familles d'outre-mer*,
p. 653.) Il était encore en fonction en 1172. (Pauli I, n° CXCVIII.)

[4] C'est probablement le même personnage que Bonabulus, qui
figure en 1114 dans un acte de Roger, prince d'Antioche. (*Chartes
de N. D. de Josaphat*, p. 27.) En 1166, il souscrit un acte de Bohémond III. (Arch. de Malte, div. I, vol. 2, pièce 36.)

[5] Il faut probablement entendre par *dux* le châtelain d'Antioche
Geoffroy Falsart semble inconnu.

[6] Dans un acte de février 1175 (n. s.), il est appelé *de Castelin*.
(Arch. de Malte, div. I, vol. 3, pièce 13.)

[7] Dans les *Familles d'outre-mer* (p. 654), Bernard est mentionné
pour la dernière fois en 1167.

patus mei v°, et ab incarnatione dominica
M° C° LX° VIII°, indictione 1[1].

Au dos, caractères arabes.

*(Parch. orig. L'attache du sceau en lacs de
soie rouge subsiste encore.)*

(Arch. de Malte, Div. I, vol. 3, pièce 51.)

V

16 *mart.* 1169.

*Episcopus Valeniensis et fratres Templi, conven-
tione interposita, controversias suas terminant*[2].

In : nomine : Patris : et : Spiritus : sancti : Amen[3].

Notum sit omnibus hominibus, tam futuris
quam presentibus, versatas inter Valeniensem
episcopum et fratres Templi multo tempore controversias, anno ab incarnatione
M° C° L° XVIII°, mense marcio, XVII[mo] Kal.
aprilis, in bono pacis et concordie, auctore

[1] La comparaison de cet acte avec les diplômes de Bohémond III,
généralement datés de l'indiction du 24 septembre, nous permet de
lui assigner une date antérieure au 24 septembre 1168.
[2] Une convention analogue eut lieu le 6 août 1163 entre les
mêmes parties. — Ed. Pauli I, n° XXXIX.
[3] Cette ligne, dans l'original, est écrite en majuscules allongées.

Domino, terminatas. Siquidem, convenientibus aput Tortosam domino episcopo et fratribus, dominus episcopus omnes retroactas querelas quas adversus domum habuerat, ut pote de rebus domini Galterii, canonici sui, de villanis, de casali suo fracto, et, si que alie intervenerant, bono animo et spontanea voluntate ob recuperandam fratrum gratiam deposuit ac dimisit, spoponditque se nullam deinceps super his movere questionem. Sic ergo sopitis hinc inde universaliter omnibus querimoniis, sese mutuo in gratiam ac benevolentiam receperunt domnus episcopus et fratres, facti Deo gratias (*sic*) et fratres et amici. Huic autem reformationi et concordie interfuerunt : domnus P. Antaradensis episcopus[1]; Kalo, ejusdem ecclesie archidiaconus; frater Galterus de Berito, preceptor; frater Willelmus de Guirchia; frater Berengarius de Castello Perso; frater Thomas de Marolio; frater Theobaudus de Sancta Scolastica; frater Falco et plures alii.

(Arch. de Malte, Div. I, vol. 2, pièce 47.)

[1] Ce prélat est inconnu à Ducange (*Familles d'outre-mer*, p. 809), qui ne le cite pas parmi les évêques de Tortose. Il s'appelait Pierre, et était déjà évêque en 1163. (Pauli I, n° XXXIX.) Il a échappé au dépouillement fait par M. Rey en vue de compléter Ducange.

VI

1178.

Renaudus Mausoerius dat Odoni de Sancto Amando, magistro militum Templi, medietatem quorumdam casalium infra nominatorum.

Quoniam, succedente temporis spacio, multorum oblivionem incurrimus. necessarium esse duximus ut presentis pagine subscriptione preterita in nostram nostreque posteritatis memoriam revocemus. Unde ego Renaudus Mausoerius [1], in nomine sancte et individue trinitatis, patris et filii et spiritus sancti, notum facio presentibus et futuris quod Odoni de Sancto Amando, magistro militum Templi, et fratribus dono et absque ullo contradictionis modo concedo medietatem Brahin, quod vocatur Castellum, cum appendiciis et pertinentiis ipsius, et medietatem casalis Albot et casalis Talaore, quorum villanos pater meus [2] per sua casalia dispersit et dedit, et medietatem Besenen et medie-

---

[1] Renaud II Mansoer, seigneur de Margat. (*Familles d'outre-mer*, p. 393.)

[2] Il s'agit de Renaud I Mansoer, seigneur de Margat.

2

tatem casalium que sunt ultra cavam que est inter Brahin et Matronem, et dominus Renerius medietatem de Soebe [1]..... mum villanum. Preter hoc vero prenominato magistro et fratribus concedo quicquid milites mei et homines vel pro amore mei vel pro se ipsis donare disposuerunt. Hec autem donatio et concessio intelligatur de casalibus illis que sunt ultra cavam Brahim versus orientem, et non de aliis casalibus; hoc autem concessione Boemundi principis [2] facio.

Quod ut ratum et firmum habeatur, impressione nostri sigilli, anno ab Incarnatione domini M° C° LXXVIII, confirmo.

Hujus donationis testes sunt :

Magister Morellus ; Amelinus ; Gilo de Allant ; Philippus Fremillons ; Renerius ; Guido ; Adam ; Martinus.

Hoc idem eciam Bertrandus, filius meus, et uxor ipsius [3] testantur, quorum concessione hoc facio.

Au dos : De medietate Brahin, quod vocatur Castellum et medietatem casalis Albot

---

[1] Le texte est altéré en cet endroit et ne saurait être rétabli.

[2] Bohémond III, prince d'Antioche.

[3] Elle s'appelait Bermonde. L'acte le plus ancien dans lequel elle figure comme épouse de Bertrand Mansoer est de 1183, d'après les *Familles d'outre-mer* (p. 393-4).

et casalis Talaore, et medietatem Besenen, et medietatem casalium que sunt ultra cane que est inter Brahin et Matrone, et medietate de Soebe.

(Parchemin. — Scellé sur lacs de soie rouge.)

(Arch. de Malte, Div. I, vol. 3, pièce 49.)

VII

Febr. 1179 *(ind. xj)* [1].

Odo Sancti Amancii, magister humilis miliciæ Templi, et Rogerius de Molinis, humilis minister Hospitalis Jherusalem, concordiam ineunt de quibusdam querelis et possessionibus. — Au dos on lit (xive siècle) : « Ce est une composition faite entre l'Os-« pital et le Temple de plusors fais, anno domini « MCLXXIX. » — Ed. Pauli I, nº LXVI.

(Arch. de Malte, Div. I, vol. 3, pièce 60 [2].)

VIII

Febr. 1179 *(ind. xj)* [3].

Boamundus, princeps Antiochenus, in executione concordiæ supradictæ inter Templi et Hospitalis

[1] L'indiction est fautive et rend la date incertaine.
[2] Un second exemplaire de cette convention est conservé à Malte (Div. I, vol. 3, pièce 65).
[3] L'indiction est fautive et rend la date incertaine.

domos factæ, concedit quod terra Marriciorum, quæ
de pertinentiis Cesariæ Magnæ æstimatur, inter Hospi-
talarios et Templarios dividatur. — Ed. Pauli I,
n° LXVII.

(*Arch. de Malte, Div. I, vol. 3, pièce 66.*)

IX

Jun. 1183.

Rainaldus, dominus Margati, concedit gastinam
Dominæ et terram quæ est inter duas vias fratri Alano,
præceptori Tortosæ, fratrique Gaudino ceterisque Templariis. — Ed. Pauli I, n° CCIX.

(*Arch. de Malte, Div. I, vol. 4, pièce 22.*)

X

17 *febr.* 1186 *sive* 1187, *Veronæ.*

Urbanus III archiepiscopos hortatur ut milites
Templi elemosinis juvent et non molestent. — « Quan-
tum sacra Templi. »

(*Arch. de Malte, Div. I, vol. 7, pièce 4.*)

XI

16 *apr.* 1190, *Laterani.*

Clemens III confirmat quasdam treugas in Narbonensi provincia in favorem fratrum et rerum Templi. — « Sicut sacra Evangelii. »

(Arch. de Malte, Div. I, vol. 10, pièce 14.)

XII

23 *jan.* 1217, *Laterani.*

Honorius III, archiepiscopis, episcopis, etc., jubet prælatos a militia Templi ad ecclesias suas præsentatos, dummodo sufficientes redditus pro sustentatione et episcopi justicia assignentur, recipere. — « Quanto dilecti filii. »

(Arch. de Malte, Div. I, vol. 9, pièce 1.)

XIII

13 *febr.* 1217, *Laterani.*

Honorius III decimas a fratribus militiæ Templi exigi vetat. — « Ex parte dilectorum [1]. »

(Arch. de Malte, Div. I, vol. 9, pièce 5.)

[1] Cette bulle est transcrite dans le *Bullarium Rubeum* (div. VII, au folio 110.)

XIV

15 oct. 1221, apud Accon.

Pelagius, episcopus Albanensis, apostolicæ sedis legatus, arbiterque electus ad terminandas lites inter Templi et Hospitalis milites de civitate Gibel motas, sententiam suam promulgat. — Ed. Pauli I, n° cvii.

(Original perdu[1]. — Arch. de Malte, Div. I, vol. 5, pièce 42, ancienne cote.)

XV

18 jun. 1233 (ind. iv), Tyri.

Albertus, sedis Antiochenæ patriarcha et apostolicæ sedis legatus, notam facit concordiam inter domos Templi et Hospitalis habitam, conventionesque ejusdem exponit. — Ed. Pauli I, n° cxv.

(Arch. de Malte, Div. I, vol. 5, pièce 8.)

XVI

17 apr. 1234, Massiliæ.

Commune Massiliæ approbat concordiam sub data 3 oct. 1233 factam inter Templi et Hospitalis milites

[1] Le volume qui portait autrefois comme cote : Arch. de Malte,

de navibus in portu Massiliæ habendis, onerandis et exonerandis. — Ed. Pauli I, n° CXVI.

(Arch. de Malte, Div. I, vol. 5, pièce 13.)

XVII

25 jul. 1235, apud Accon.

Magistri Templariorum et Hospitalariorum concordiam ineunt de aqua et molendinis fluminis Acconensis.

In nomine sancte et individue Trinitatis, patris, et filii, et spiritus sancti, amen. Noverint universi presentem paginam inspecturi quod cum inter venerabilem fratrem A [rmandum] [1], magistrum domus milicie Templi, et fratres ejusdem domus ex una parte, et venerabilem fratrem G [erinum], magistrum domus Hospitalis sancti Johannis Jerosolimitani, et fratres ejusdem domus ex altera, super aqua et molendinis fluminis Acconensis quod descendit ex fonte Recordane, questio verteretur et super hoc fuisset diutius alter-

---

Div. I, vol. 5, est aujourd'hui perdu, et son numéro d'ordre a été donné à celui qui portait alors le n° 6.

[1] Armand de Périgord, grand maître du Temple. *(Familles d'outre-mer, p. 886.)*

catum ; tandem, mediantibus bonis viris, de
consensu utriusque partis ad infrascriptam
pacem et concordiam devenerunt, videlicet
quod magister et fratres Templi habeant
potestatem retinendi aquam que est supra
molendina ipsorum, in tantum quod possit
ascendere usque ad signaculum quod est factum in molendinis Hospitalis; et si volunt eam
permittere uberius discurrere, hoc sit in
eorum beneplacito voluntatis. Et si contin-
geret quod opere ipsorum aqua prefata trans-
iret signaculum memoratum, ipsi ad requisitionem Hospitalis hoc debent sine dilatione
aliqua emendare. Et si fortassis per pluviam
vel per tumedinem fluminis aqua excresceret
memorata, ex hoc Templarii in aliquo non
tenentur. Magister vero Hospitalis et fratres
Templariis promiserunt quod ipsi pro malo
Templi non retinebunt aquam, nec ipsam
dimittent uno ictu insimul discurrere pro
malo seu dampno ipsius domus Templi. Utra-
que vero domus, tam Templi quam Hospitalis, habeat plenariam potestatem ducendi de
Accon libere barchas suas usque ad reclusam
molendinorum Templi, et ibidem Hospitalarii
possint exhonerare quidquid illuc veherint
et honerare in barcha ipsorum quam habue-

rint supra prenominatam reclusam, causa eundi et veniendi libere usque ad propria molendina ; hoc sane intellecto quod Hospitalarii possint habere a prenominata reclusa inferius unam barcham et superius aliam barcham, et in aqua eorum, si voluerint, possint habere plures, ita quidem quod si, occasione barcharum Hospitalis, in reclusa Templi dampnum aliquod fuerit irrogatum, domus Hospitalis illud dampnum debeat resarcire. Neutra vero domorum debet aliquid opus vel aliquid aliud facere, propter quod barche predicte eundi et veniendi libere possint amittere cursum suum, eo modo quo superius est expressum. Et si Templarii voluerint elevare ripas fluminis in terra Hospitalis, possint eas ubi alte sufficienter non fuerint elevare, scilicet usque ad punctum signaculi prelibati.

In cujus rei testimonium, ad eternam memoriam retinendem, ambe partes presentem paginam scribi fecerunt et sigillis propriis sigillari, rogantes venerabiles patres H [ugonem], Nazarenum archiepiscopum, et R [adulphum], Acconensem episcopum, et nobilem virum O [donem], comestabulum regni Jerosolimitani, quod hanc eamdem paginam suorum sigillorum munimine roborarent, qui ad ipsarum parcium instantiam ipsam suis munierunt sigillis.

Acta sunt hec in civitate Acconensi, anno domini m᷉ cc᷉ tricesimo quinto, mense julii, in die beati Jacobi apostoli.

(Arch. de Malte, Div. I, vol. 5, pièce 16.)

XVIII

31 *mai* 1243.

Sentence arbitrale rendue par les cinq arbitres choisis pour régler les différends du Temple et de l'Hôpita dans le comté de Tripoli et la seigneurie de Margat. — Ed. Pauli I, n° CLXXIX.

(Arch. de Malte, Div. I, vol. 5, pièce 24.)

XIX

Octobre 1252.

Thomas Bérard, grand maître des Templiers, accorde à plusieurs personnes, nominalement désignées, un sauf-conduit pour aller à Tripoli, afin de faire juger leurs différends en cas de contestation avec le prince.

Sachent tuit cil qui sunt et serunt que nos

frere Thomas Berart [1], par la grace de Deu humle maistre de la chevalerie dou Temple, par le conseil et la volenté et l'otroi de nostre covent, avons octroié et somes tenuz nos et nostre dit covent et nos successors apres nos à vos Henri, seignor de Gibeleth [2], Guillaume, seigneur de Botron [3], Mellior, seigneur de Mareclée [4], les enfans Bertran de Gibeleth [5], Jehan, mareschau de Triple [6], Jehan Pharabel, seigneur dou Pui [7], Hugue Saleman, Thomas Arra, Raimont de Mareclee [8], Baudoin de Mont Olif [9], Johan, visconte de Triple [10],

[1] L'éditeur des *Familles d'outre-mer* (p. 887-8) indique Thomas Bérard comme successeur immédiat de Renaud de Vichier. Le présent document détruit cette succession et réduit également le magistère de ce dernier d'au moins trois années.

[2] Les *Familles d'outre-mer* (p. 323) citent en 1262 l'acte le plus ancien dans lequel il figure en qualité de seigneur de Giblet.

[3] Le plus ancien acte dans lequel ce personnage soit mentionné dans les *Familles d'outre-mer* (p. 259) est de 1255. En 1262, il était connétable du royaume. (*Tab. Ord. Teut.* p. 114.)

[4] Melior II, sire de Mareclée. Les *Familles d'outre-mer* (p. 387) le citent pour la première fois en 1255.

[5] Il s'agit des neveux de Henri de Giblet. Ducange affirme à tort que Bertrand de Giblet mourut sans enfants. (*Familles d'outre-mer*), p. 323.)

[6] Ce personnage ne figure pas dans les *Familles d'outre-mer*. Il est témoin d'un acte du Ier juin 1277. (REY, *Recherches... sur la domination des Latins en Orient*, 1877, Ire édition, p. 45.)

[7] *Familles d'outre-mer*, p. 421.

[8] Ce personnage n'est pas cité par Ducange parmi les membres de la famille de Mareclée.

[9] La plus ancienne mention de Baudoin de Montolive dans les *Familles d'outre-mer* est de 1256. (P. 558.)

[10] Ce vicomte de Tripoli n'a pas été connu de Ducange. (P. 494-5.)

Ingue Embriac, Gui dor Patriarche [1], Raimont de Vedde, Johan de Flaencort, Bertran Faisan, Piere Loup, Pehlippe Estomac, Hue de Mareclée, Piere de la Tor, Johan d'Arches, et Jaques de Thabore, et à vos homes et à vos hers, que totes les fois que vous les devans només o vos homes o vos hers aurois à requere ou à demander au prince ou à ses homes ou as gens de Triple por quelque contens ou querelle que ce fust, que vous puissiés aller et venir demorer à Triple tant que vous aiés finées vos querelles; et que vos et vos homes et vos hers soiez en nostre garde et en la guarde de nostre maison et de nostre covent et en nostre conduit et en nostre seurté, alant et venant et demorant à Triple, eaus et ciaus qui vos seront mestier ou poront aver mestier à ce que vos requerreiz ou demandereiz. Et les vi qui doivent conoistre ou jugiez les dites requestes ou demandes qui seront mis par les devans nommés sunt en nostre guarde et en nostre seurté et de nostre dite maison et de nostre covent, tot ausi que il est desus dit des autres, et puent aler et venir demorer

---

[1] *Gui dou Patriarche*, dans un acte du 1er juin 1277; *Guido de Patriarcha, miles*, dans un acte du jeudi 20 janvier 1278. (REY, *Recherches...*, pages 45 et 46.)

à Triple totes les feis que il leur sera mestier de conoistre et de jugier aucunes des requestes ou demandes, si com il est desus dit. Et le treszime se il est de la partie des desus motis ausi. Et li XIII devant dit doivent estre asamblé dedenz les XV jors que l'une des parties ou aucune de la partie auroit requis ou fait requerre l'autre partie, se les parties sunt ou conté de Triple; et se aucunse d'elles estoit hors dou conté de Triple, que il i eust terme de XL jors; en la maniere que il est desus devisé des XV jors, et se le prince ou celui qui seroit en son leuc ne les voloit assambler dedens le dit terme, si comme il est desus devisé, nos et nostre covent somes tenus de constraindre le prince ou celui qui sera en son leuc en totes guises tant que il les ait assamblés dedens la quinzaine se il est el conté de Triple; et se il estoit hors del conté, que il les eust assamblés dedens XL jors sans aucun autre delay; et ce que les XIII ou la plus grant partie d'eaus conoistront ou diront par esgart cu par jugement des devant dites requestes ou demandes se le prince ne le vout tenir ne acomplir, nos et nostre dit covent et nos successors somes tenus de constraindre ledit prince en totes manieres tant que il l'ait tenu et acompli enterinement ce que il auront dit. Et por ce que nos volons que totes ces choses, si com elles sont devisées totes ensamble et chascune par soi, soient tenues et mantenues fermes et estables, les v ans complis, lesquels v ans commencierent el mois de mai prochain passé, et à greignor seurté dou fait, nos avons fait faire cest present previlege par l'otroi et la volenté et le conseil de nostre dit covent, et l'avons fait seeler de nostre bole de plumb de la tube, ou la guarentie de nos freres, desquels ce sont les nons, c'est assavoir :

Frere Recelins de Fox[1]; Frere Jofroiz de Fox; Frere Amblarz; Frere Amfox Gomes, compagnon dou maistre; Frere Martins Senchens; Frere Gilebert Alboin.

Ce fut fait l'an del incarnation nostre Seigneur Jhesu Crist м cc et lii, el mois d'octobre.

(*Arch. de Malte, Div. I, vol. 18, pièce 1.*)

---

[1] Voyez plus bas, sur le personnage, les nᵒˢ XXIX et XXX.

XX

9 *febr.* 1262, *Viterbii.*

Urbanus IV prohibet ne quis rapiat vel percutiat servientes, vel animalia Templariorum, seu possessiones diripiat. — « Eis precipue ac [1]. »

(Arch. de Malte, Div. I, vol. 7, pièce 7.)

XXI

31 *mai* 1262, *Acre.*

Thomas Bérard, grand maître des Templiers, promulgue les conditions de l'accord intervenu entre lui et le grand maître de l'Hôpital au sujet de divers biens à Cabor, au Caymont, à la Fève, à Damor, en exécution d'une sentence arbitrale.

Nos frere Thomas Berard, par la grace de Deu humble maistre de la maison de la poure chevalerie dou Temple, et nos le covent de cele meisme maison, faisons asavoir à toz ceaus qui sunt et serunt que cum ce fust chose que nos ledit maistre et ledit covent, d'un

---

[1] Dans le *Bullarium Rubeum* (div. VII), la même bulle figure à la date du 6 février 1262 et du 9 février 1264 (f. 124 recto-verso).

assent et d'une volenté, por le profit et le repos
de la crestienté et proprement dou reyaume
de Jerusalem et de nos et de nostre maison, por
abatre les contens qui ont esté de nos à la maison del Hospital de saint Johan de Jerusalem,
et por eschiver ceaus que avenir y peussent;
nos fussiens compromis en l'enorable pere
frere Thomas, de l'ordene des Prescheors, par
la grace de Deu evesque de Bethléem et
legat de l'apostolial siege[1], et en frere Herte-
man de Helderong[2], grant comandeor de la
maison del Hospital de Nostre Dame des Ale-
mans ou reyaume de Jerusalem et tenant leu
de maistre, et en messire Joffrei de Sergines[3],
seneschal et bail dou reyaume de Jerusalem, et
en mesire Guillaume, seignor dou Boutron[4], et
conestable doudit royaume, si cum en arbitres,
arbitrans, arbitreors et amiables compositors
haut et bas de toutes quereles, contens et
discordes et questions que nos aviens ou
aveir poions à la dite maison del Hospital,
nos, le desus nomé maistre et le covent dou

[1] Frère Thomas de Lentino, de l'Ordre des Frères Prêcheurs. Voir Ducange (*Familles d'outre-mer*, p. 788), qui ne donne que peu de détails sur ce personnage.
[2] *Familles d'outre-mer*, p. 905.
[3] *Familles d'outre-mer*, p. 617.
[4] *Familles d'outre-mer*, p. 259.

Temple, d'un assent et d'une volenté, por nos et por noz successors tenant et porsivant le dit des arbitres desus motis, quitons et renuncions à vos frere Hugue Revel, honorable maistre de la sainte maison del Hospital de saint Johan de Jerusalem, et à vos le covent de ladite maison del Hospital, recevant por vos et por voz successors toz drois, toutes raisons, actions, seignories et dreitures que nos avons ou aveir poions par quelque raison et ocheison que ce soit au casal qui est apelez Cabor, lequel siet en la diocese d'Acre, ou toutes ses apartenances, ses possessions, ses teneures et ses raisons et ses dreitures, quels qu'eles soient, et en quel leu que eles soient. Et ceste devant-dite quitance et renumciacion, si cum il est dessus devisé, faisons nos le desus nomé maistre et covent dou Temple à vos, le desus dit maistre et covent del Hospital por ce que vos ledit maistre et ledit covent del Hospital quités à nos ledit maistre et ledit covent dou Temple et à noz successors toz drois, toutes raisons, actions, seignories et dreitures que vos avié ou aveir poez, par quelque raison et ocheison que ce soit, au Caymont et à la seignorie dou Caymont, et au casal qui est apelez la Feve, et au casal qui est apelez Damor, qui siet en la seignorie de Saette, ou toutes leur apartenances et leur possessions et leur teneures et leur raisons et leur dreitures, quels qu'eles soient et en quelque leu qu'eles soient. Et por ce que nos ledit maistre et ledit covent de la maison dou Temple volons que toutes les choses desus dites, si cum eles sunt desus devisées, soient tenues et maintenues à toz tens fermes et estables, si com nos ne noz successors ne autre por nos ne por noz successors n'en puissens aler à l'encontre des choses desus dites ou d'aucunes d'eles, avons nos fait faire cest present privilege et bouler de nostre boule de plomb, emperinte en noz drois coins generals, o la garentie de noz freres, desquels ce sunt les noms :

Frere Amaury de la Roche, grant comandeor ; Frere Guillaume de Malai, tenant leu de mareschal ; Frere Gonsalve Martin, comandeor de la maison d'Acre ; Frere Richart le Lop, drapier ; Frere Guillaume de Montaignane, comandeor de Saette ; Frere Bernart de Poais, comandeor des chevaliers ; Frere Hervi de Lyon, turcoplier ; Frere Symon de la Tor, chastelain dou Saphet ; Frere Guillaume de Vanoz, chastelain de Chastel Pelerin; Frere Guillaume dou Chastel, chastelain de Beaufort; Frere Piere dou Cayre, et frere Daubon, nos conpaignons, et plusors autres de noz freres.

Ce fut fait en Acre, l'an del incarnacion nostre seignor mil et deus cens et sissante et deus, le derain jor dou mois de may.

(Parchemin, scellé sur le repli en lacs de soie ou corde.)

(Arch. de Malte, Div. I, vol. 18, pièce 2.)

XXII

31 mai 1262, Acre.

Le même promulgue un autre accord intervenu entre lui et l'Hôpital.

Cet accord est la conséquence du même arbitrage que dans la pièce précédente. Le Temple renonce à tous ses droits dans la ville et cité de Valenie et de Margat et au corps « dou maneir que nous aviens « en la cité de Saiete avant que Saiete venist à noz « mains, et le casal Cafarsset, seigneurie de Tabarie ». En échange, l'Hôpital abondonne au Temple trois charruées de terre à Cafarlet, un manoir à Saiette, et tous les biens qu'il possède dans les seigneuries de Saiette et de Beaufort, dont Julien, fils de Baliau d'Ibelin, étoit alors seigneur.

3.

Les témoins sont les mêmes que ceux de l'acte précédent.

(Arch. de Malte, Div. I, vol. 18, pièce 3.)

XXIII

18 de delier 1262, *Acre.*

Le même promulgue un autre accord intervenu entre lui et l'Hôpital.

Il s'agit du même arbitrage que celui qui a donné naissance aux précédentes conventions. L'accord porte sur la propriété du casal d'Alme, que les Templiers avaient échangé à Jean de Montfort, seigneur de Toron, et que l'Hôpital revendiquait. Ceux-ci, pour rétablir l'union entre les deux ordres, rendent le casal au seigneur de Toron et reprennent les biens qu'ils lui avaient donnés en échange, en attendant l'issue du procès intenté par l'Hôpital audit seigneur de Toron. Il est en outre convenu que si le casal est attribué à l'Hôpital, il le cédera aux Templiers et prendra en échange les biens qui avaient été donnés par eux à Jean de Montfort.

Voici les témoins qui concourent à cet acte :

« Frère Guillaume de Malay, maréchal ; Frère Guillaume de Montignane, grand commandeur ; Frère Gonsalve Martin, commandeur d'Acre ; Frère Gérart de Bargues, commandeur des chevaliers ; Frère Hervé de Lyon, turcoplier ; Frère Pierre de Cayres, et frère Guy d'Aubon, noz compaignons ; Frère Bienvenu, trésorier, et plusors autres frères de nostre maison. »

(Arch. de Malte, Div. I, vol. 18, pièce 4.)

XXIV

19 *déc.* 1262, *Acre.*

Sentence arbitrale et accord intervenu entre le Temple et l'Hôpital.

Les trois arbitres qui figurent dans l'accord du 31 mai 1262 rendent leur décision relativement aux moulins de Doc et de Ricordane. Ils réglementent les eaux et les droits des deux parties de les retenir. — Ed. Pauli, I, n° CXLII.

(Original perdu. — Arch. de Malte, Div. I,
vol. 7, pièce 10.)

XXV

19 *mart.* 1265, *Perusii.*

Clemens IV cardinali Sanctæ Ceciliæ, legato[1], mandat se exemisse a decimis in Francia fratres militiæ Templi, Hospitalis et S. Mariæ Theutonicorum. — « Felicis recordiationis Urbanus[2]. »

(Arch. de Malte, Div. I, vol. 10, pièce 17.)

---

[1] Simon, cardinal-prêtre du titre de Sainte-Cécile, légat apostolique.
[2] Cette bulle est également transcrite dans un Bullaire des archives de Malte qui porte la cote suivante : div. VII, vol. 1130.

XXVI

22 apr. 1265, *Perusii.*

Clemens IV abbati S. Guillermi de Desertis, Lodo-
vensis diocesis, mandat ut revocet concessiones factas
per domos Templi in Provincia et alienationes bonorum. « Pervenit ad audientiam. »

(Arch. de Malte, Div. I, vol. 10, pièce 18.)

XXVII

8 jun. 1265, *Perusii.*

Clemens IV prohibet ne ab aliquo in Templarios
excommunicationis vel interdicti sententia promul-
getur. — « Cum dilecti filii. »

(Arch. de Malte, Div. I, vol. 10, pièce 25.)

XXVIII

13 jun. 1265, *Perusii.*

Clemens IV abbati S. Saturnini Tholosani mandat
ut faciat observare sententiam excommunicationis
ab ipso contra fratres Pacis et Fidei, Auxitanensis diocesis, latam, quia comparere contumaciter denegarunt

in lite a fratribus Hospitalis Tholosani et a fratribus Templi de Borderiis in Guasconia super castro de Manseto communiter contra eos facta. — « Sua nobis dilecti. »

(Arch. de Malte, Div. I, vol. 10, pièce 24.)

XXIX

13 *sept.* 1270, *Avinione.*

Electionem sepulturæ, a Petro de Militia in cimiterio Templi Sancti Egidii factam, frater Lambertus, nomine domini Roncelini, magistri domorum militiæ Templi in Provincia, ratificat.

Notum sit omnibus quod anno domini MCCLXX, scilicet II idus septembris, existentibus dominis civitatis Avinionensis, domino Alfonso, Dei gratia comite Tholose et marchione Provincie [1], et domino Karolo, eadem gratia comite et marchione Provincie et comite Fulcalquerii [2], ego Petrus de Militia, eger corpore, in bona mentis mee valitudine existens, relinquo, offero et dono tibi fratri Lamberto, Templario et camerario domus militiæ Templi Sancti Egidii, presenti et recipienti nomine

[1] Alphonse de Poitiers, frère de saint Louis.
[2] Charles d'Anjou, frère de saint Louis.

dicte domus, corpud meum sepeliendum tempore mortis mee in cimiterio dicte domus, ponendo manus meas infra manus tuas. Et, ne contra hoc veniam aliqua ratione vel jure, bona fide et sine dolo per sollempnem stipulationem tibi promitto et super sancta Dei Evangelia a me corporaliter tacta tibi juro, renuncians in predictis omni juri omnique rationi quo vel qua contra venire possem. Et ego frater Lambertus predictus, in nomine Domini nostri Jehsu Christi et gloriose beate Marie, matris ejusdem, et nomine domini Roncelini, magistri domorum militie Templi in Provincia [1], et pro ipso te dictum Petrum de Militia per manuum tuarum apprehensione recipio in omnibus bonis temporalibus et spiritualibus dicte domus, et corpus tuum tempore mortis tue sollempniter sepeliendum in cimiterio dicte domus. Factum fuit hoc Avinione in stari dicti Petri de Militia.

Testes affuerunt presentes : Dominus Johannes, prior domus sancti Benedicti. — Bertranno de Cavismontibus. — Frater Guillaume Clarius de Mari, et frater Petrus Garnerius, Templarii. — Raimundus Clarius.

[1] Roscelin de Fos. Voir plus haut n° XIX, et plus bas n° XXX.

Et ego Petrus Carreria, Avinionensis notarius, qui predictis omnibus presens interfui,
et mandato dictarum partium hanc cartam
scripsi, bullavi et signavi[1].

*(Parchemin. Charte-partie. Les lettres de
l'alphabet, de a à l, sont placées perpendicu-
lairement aux lignes de la charte, au bord
gauche de l'acte.)*

(Arch. de Malte, Div. I, vol. 18, pièce 7.)

XXX

14 oct. 1274, *Lugduni.*

Gregorius X magistrum et fratres domus miliciae
Templi eximit a prestatione decimarum nuper in
concilio generali pro liberatione terræ sanctæ edicta-
rum. — « Ipsa nos cogit. » — Ed. Potthast, n° 20942.

(Ex transsumpto Raymundi, Lodoviensis episcopi[2],
ad requisitionem Ronssolini de Fos, magistri domorum
Templi in Provincia, 3 jan. 1274.

(Arch. de Malte, Div. I, vol. 12, pièce 17 bis.)

---

[1] Le seing manuel du notaire représente trois losanges concen-
triques. La plume, en le traçant d'un seul trait, a formé une boucle
à chacun des angles du losange, en sorte que l'aspect général est
celui de deux 8 entrelacés.
[2] Raymond III Astulphe (1263-79).

XXXI

13 *mars* 1275, *Lugduni.*

Gregorius X magistro et fratribus Hospitalis Jerosolimitani mandat accordum inter Templi et Hospitalis
S. Mariæ Theutonicorum fratres de componendis con-
troversiis factum, a se confirmatum fuisse. — « Cum
a nobis. » — Ed. Pauli, I, bolla xiv, page 279; et
Potthast, n° 2100.

(Arch. de Malte, Div. I, vol. 12, pièce 16.)

XXXII

27 *nov.* 1278, *Romæ, apud S. Petrum.*

Nicolaus III magistro et fratribus Templi concedit ut
in parrochiis ecclesiarum suarum novalium quoque
decimas percipiant. — « Cum a nobis. »

(Arch de Malte, Div. I, vol. 14, pièce 8.)

XXXIII

14 *août* 1289, *Molits.*

Frère Elie Amanieu, commandeur du Temple de
Bordeaux et de toutes les maisons du Temple en Gas-

cogne, afferme diverses terres dépendant de la commanderie de Moliez.

Conegude cause sie à toz acidz qui la present lettre veiran..... que nos fray Helies
Amaniu, caperan comendador de la mayson
dou Temple de Bordeu de Jherusalem et de
totes les autres maysons de Guascoyne qui son
dou Temple, per nostre agradable..... e del
nostre voluntat, per nos e per nostres successors hauem affiuat à Guiraut de la Perade
e asses [hers] e à son ordeinh tot le casau que
lodit Guiraut tin à le Queuseyre deu Temple
e tote l'autre terre de Massanges deu Temple
qui mau deudit casau, in tau maneyre que lo
dit Guiraut et sons hers et son ordeinh qui lo
dit casau ni la dicte terre ab sas aperthienses
tieran ni possediran nos deuen dar e pagar de
fiu ii ss. de Morlas et rª garie, pagadeys lo
dit fiu totes sen Martins, an per an, à la nostre
mayson deu Temple de Molieiz. Es assaber
que lodit Guiraut e ses hers han pris ladite
terre hen fiu, au for e a le costume de Marencin;
e nos dit fray Helies avenz promes e autreyat
audit Guiraut et à ses hers e à son ordeinh per
nos e per nostre successors qui seran per
temps, que nos lo thieram la dite terre bone
e ferme e estable inperdurablemens, lodit

Guraut e sous hers pagan lodit fiu, cum sub-
dic es.

Tesmons son de queste cause : En Dome-
njon de l'Esbay, caperan in aquest temps de
Molieiz; Domenjon dou Traut; Vidau dou
Pin trapenadant (?) d'Ax; Laurens de Cau-
royre, regnant Hadoard, rey d'Anglaterre,
A de Viele[1], abesque d'Ax.

In testimoniatge de vertat nos dit fray
Helies hauem dade audit Guiraut e à sos
hers la present lettre sagerade deu nostre
saget.

Dade à Moliez, lo dilus prosiman dauant
l'annunciation beate Virginis Marie, anno
domini m° cc° octoagesimo nono.

(Vidimus de 1371 *du viguier général de
l'évêque de Dax.)*

(Arch. de Malte, Div. I, vol. 19, pièce 1.)

XXXIV

31 *août* 1290.

Le même, institué, par acte du 31 mai 1288, pro-
cureur de frère Guillaume Ucher, visiteur des maisons

---

[1] Arnaut de Viele.

du Temple en France et en Angleterre, afferme la maison de Caumont pour six ans à Ar. Arremon sous certaines conditions.

Conegude cause sie qu'en fray Helies Amaniu, comanday de las mayzons de la cauareyrie deu Temple en Guascombe, procurador generau deu fray Gaufrer Ucher, generau visitedor de les maysons deu Temple en los regnes de France e d'Anglaterre, segunt que a mi semblant ere que ere continut en letre sagerade deu saget deu dit en fray Gaufre Ucher, le tenor de la quau ere tau e assi comense :

« Universis presentes litteras inspecturis « frater Gaufridus de Ucherio, domorum « militie Templi in regnis Francie et Anglie « generalis ac humilis visitator, salutem in « Domino. Noveritis quod, de fratrum nos- « trorum consilio et assensu, fratrem Heliam « Amaneiu, preceptorem domorum nostrarum « Burdegalis et de Vasconia, facimus, consti- « tuimus, et ordinamus generalem procura- « torem nostrum, sindicum et actorem in « omnibus causis et negociis quas vel que nos « vel fratres nostri movuimus *(sic)*, movemus « seu moturi sumus, habemus seu habituri su- « mus, tam agendo quam defendendo contra

« quascumque personas, tam ecclesiasticas
« quam etiam seculares, coram quibuscumque
« judicibus ordinariis, extraordinariis, delega-
« tis, subdelegatis, arbitris arbitratoribus, regi-
« bus, principibus, comitibus, vicecomitibus,
« baronibus, ballivis, senescallis, prepositis,
« conservatoribus, et aliis quibuscumque ;
« dantes et concedentes eidem procuratori,
« nostro et fratrum nostrorum nomine, ple-
« nam et liberam potestatem et speciale man-
« datum... etc..... In quorum omnium, etc.....
« Datum apud Ensonnon (?), in celebra-
« tione capituli nostri Aquitanensis, die lune
« post quindenam pentechostes, anno domini
« M. CC. LXXXVIII [1]. »

Per si e per totz saus successors, de voluntat
e d'autrey e expres consentiment deu frair
Jaufrer Coroter, tient loc de le mayson de le
Torte ; deu fray Seguin d'Arrambert, tient loc
de Grüer ; deu fray Ar. Guillem de Linxe, fray
deu Temple ; ha enfeuat à [Arnaud Ar]remont,
calonge d'Ax et à sons hers e à son ordeinh
tote le mayson aperade deu Temple de Camon, terras, bestes lanee, pratz, aygues..........
maysons, desmes, hongs, e totes autres

---

[1] 31 mai 1288.

causes, quaus quessien e ons quessien, e
[quan ques] sien, qui a le dite mayson de
Camon aparthien..... aparthienses, le quau
mayson es en l'abescat Dax, de queste pro-
sman feste de santa Marie Magdalene, qui
passade es en VI ans.......... per c. s. de Mor-
lanx, de assantament que lodit n'Arnaud
Arremon e sons hers e son ordeinh ne deu
dar audit comanday e assons successors o à
son man, toz ans, an par an, lo die de sent
Martin d'iuern, datz tremes à le Torte. E per
XXII libres de Morlans que lodit comandair
e frais reçon [ogu] eron que lo dit n'Ar. Arremon ha mes en les obres de ledite mayson à
esguart de lor. E lodit comanday deu lon
portar bone e ferme guarenthie..... enuers
tot lodit termi. E d'asso ha obligat totz les
beys de las maysons deu Temple en Guas
coinhe ab lors aparthiences. E es assaber que
si Dius faze sen comandament deudit n'Ar.
Airemon dedens lo temps deus VI ans, e
lo medix n Ar. Airemon haue feyt obres
en ledite mayson o feyt feyre, [lo] medix
comandair o sons successors ac deuen en-
mendar à l'ordeinh deu dit n'Ar. Arremon.
E per arreson de les XXII libres messes en les
dites obres..... per lo gaudiment que deu

tier dou temps que armayr deus VI ans. E lodit n'Ar. Arremon deu tier per fray deu Temple..... de Camon, e far messions cum es de vestir e deminjar e de caussar. E es assaber que quan ome vienra au termi deus diz VI ans, lodit n'Ar. Airemon... deu arremaner sout e quitis e desembargat de tot embarc deu son temps, siheiz (?) que noy pusque arrey domanar per obres que agosse feytes [de las] dites XXII libres messes en les obres.

Actum fuit die exitus augusti, anno domini M° CC° XC°, regnante Euddoard rey d'Anglaterre, Ar. [naut], abesque d'Ax.......... Seguin, mayre. — Testimonis son : en Guiraut Diuarte, caperan de Sent Perre deu Vic; Johan dou Sens, clerc; en Pes de Loran; n'Ar. de Sent M.......... Firbent; en Vidau de Marqz.

Et magister Johannes de Medulto, quondam notarius civitatis Aquensis, qui hoc presens publicum instrumentum retinuit et in suo registro conservavit.

(Vidimus de 1371 du viguier général de l'évêché de Dax.)

(Arch. de Malte, Div. I, vol. 19, pièce 1.)

XXXV

2 *maii* 1312, *Viennæ*.

Clemens V confirmat donationem bonorum militiæ Templi factam Hospitali. — « Ad providam Christi. » — Ed. Pauli, II, n° xxii.

Quam quidem bullam, mutatis mutandis, ad episcopos et canonicos diversarum ecclesiarum directam repetit.

(Arch. de Malte, Div. I, vol. 10, pièces 47, 52, 54, 58.)

XXXVI

16 *maii* 1312, *Liberoni, Valentinensis diocesis.*

Clemens V de expeditione bonorum quondam Templi Hospitali concessorum in regnis Castellæ, Aragonum, Portugaliæ et Majoricarum scribit. — « Nuper in generali. » — Ed. Pauli, II, n° xxiv, ex bulla ducibus... Alemaniæ directa.

Quam quidam bullam, sub eadem data, repetit :

Ludovico, regi Navarræ; Ducibus, etc., Navarræ; Archiepiscopis, etc., Franciæ; Episcopo Leodiensi; Ducibus, etc., Alamaniæ; Regi Daciæ; Ducibus, etc., Daciæ; Archiepiscopis, etc., Daciæ; Ducibus, etc., Norwegiæ; Archiepiscopis, etc., Norwegiæ; Regi Swetiæ;

Ducibus, etc., Swetiæ; Archiepiscopis, etc., Swetiæ; Comitibus, etc., Bœmiæ; Archiepiscopis, etc., Bœmiæ; Duci Austriæ; Ducibus, etc., Ungariæ; Archiepiscopis, etc., Ungariæ; Henrico, regi Cipri; Ducibus, etc., principatus Achaye et ducatus Athenarum; Frederico, regi Trinacriæ; Archiepiscopis Siciliæ.

(Arch. de Malte, Div. I, vol. 10, pièces 5o à 53, 55 à 57, 59 à 73, 75 et 76.)

XXXVII

15 jul. 1313, *in prioratu de Gransello, prope Malausanam, Vasionensis dioc.*

Clemens V Roberto, regi Siciliæ, de bonis Templariorum in Sicilia existentibus scribit. — « Nosti plene, carissime. »

(Arch. de Malte, Div. I, vol. 10, pièce 74.)

XXXVIII

7 mart. 1317, *Avinione.*

Johannes XXII contra occupatores bonorum Templariorum in Anglia, ut dentur fratribus Hospitalis juxta unionem. — « Querelam dilectorum filiorum. » — Ed. Pauli, II, n° xxxvi.

(Arch. de Malte, Div. I, vol. 6, pièce 3.)

XXXIX

1 *déc.* 1318, *Avinione.*

Johannes XXII ordinat primicerio ecclesiæ et prior Prædicatorum ac guardiano Minorum Fratrum, ordinum Neapolitanorum, ut dent alimenta Templariis qui vivi remanserint post extinctum ordinem Templariorum. — « Nuper ad apostolatus. » — Ed. Pauli, II, nº LII.

(Arch. de Malte, Div. I, vol. 13, pièce 13.)

XL

17 *déc.* 1318, *Avinione.*

Johannes XXII archiepiscopis injungit ut cogantur Templarii olim ingredi religiones approbatas, et, etiam si contraxerint, uxorem dimittant, vel eis stipendia subtrahantur. — « Ad hec libenter. » — Ed Pauli, II, nº LIII, sed falso cum data 1319.

(Arch. de Malte, Div. I, vol. 13, pièce 14.)

XLI

24 *sept.* 1366, *Avinione.*

Urbanus V Ilerdensi et Segobiensi episcopis ac abbati

monasterii Psalmodiensis, Nemausensis diocesis, mandat ut inducant fratres Hospitalis in possessionem bonorum Templariorum in regnis Castellæ et Legionis. — « Inter curas innumeras. »

(Arch. de Malte, Div. I, vol. 7, pièce 16.)

XLII

7 *nov.* 1366, *Avinione.*

Guillelmus, monasterii Psalmodiensis abbas, ad Petrum, Castellæ et Legionis regem[1], executorias litteras dirigit, quibus eum monet ut infra duos menses fratres Hospitalis, secundum tenorem apostolicarum litterarum in extenso insertarum, in possessionem[2] bonorum Templariorum in regnis suis inducat.

(Arch. de Malte, Div. I, vol. 7, pièce 17.)

XLIII

19 *maii* 1387, *Avinione.*

Clemens VII episcopo Vicensi et præposito S. Desiderii Avinionensis, ac sacristæ Cesarangustanæ ecclesiæ confirmat permutationem bonorum quæ erant quon-

---

[1] Don Pèdre IV.
[2] La bulle papale insérée ici est celle d'Urbain V, du 24 septembre 1366, *Inter curas innumeras*, dont nous avons donné l'analyse plus haut.

dam Templi in Hispaniis cum aliis bonis ordinum S. Jacobi et de Calatrava. — « Excelsius super omnes. »

(Arch. de Malte, Div. I, vol. 11, pièce 61.)

XLIV

19 *maii* 1387, *Avinione*.

Clemens VII supradictam permutationem ad perpetuam rei memoriam confirmat. — « Cupientes ut illa. »

(Arch. de Malte, Div. I, vol. 11, pièce 61.)

XLV

29 *febr.* 1383, *Avinione*.

Clemens VII eadem ac sub data 19 madii 1387 (n° XLIV) de permutatione terrarum quondam Templi scribit. — « Dudum felicis recordacionis. »

(Arch. de Malte, Div. I, vol. 11, pièce 63.)